AF596338

REPONSE

A UN MÉMOIRE

INTITULÉ:

OBSERVATIONS

Sur ce qui concerne les Mineurs de l'Artillerie dans le Mémoire intitulé: Conſidérations ſur le Corps-Royal du Génie.

INTRODUCTION.

UN homme dont j'honore également & l'âge, & les grades, & *l'expérience*, annonce qu'il va combatre mon opinion ſur la réunion des Mineurs au Corps-Royal du Génie : en même-temps il accorde à mon Mémoire d'être *très-bien écrit* : tout ſuffrage de ſa part doit me flatter ; mais j'avoue de bonne foi que le ſeul que j'obtiens de lui, eſt le ſeul duquel je me ſerois paſſé volontiers, & que j'eusse préféré de beaucoup de voir sa longue pratique applaudir à quelques-unes de mes spéculations.

Affligé, mais non découragé par la défaveur que son opinion peut jeter sur la mienne, j'essayerai de mettre ce revers à profit pour mon instruction, & saisissant un pan de la robe de mon maître, je vais m'attacher à lui, m'entourer de *toutes les circonstances physiques & morales de l'action*, me renfermer *dans la nature des choses*, *le suivre dans la complication*, *dans les chocs & les froissemens des accidens inévitables de l'exécution*, & je ne désespère point de démontrer, après l'avoir suivi pas à pas, que censurer vaguement un Ecrit, ce n'est point le réfuter.

§. I.

Réponse aux Considérations sur la nature des Fourneaux de Mines.

Mon Adversaire commence ce Paragraphe par annoncer, que pour discuter pertinemment la convenance qu'il peut y avoir à réunir les Mineurs au Corps de l'Artillerie plutôt qu'à celui du Génie ; il va considérer les fourneaux des mines *dans leur essence* ; en conséquence il les définit ; & , malgré mon respect pour lui , je dois dire que sa définition est au moins très-inexacte , si elle n'est pas très fausse ,

« Les fourneaux de mines ne sont, dit-il , qu'un » moyen de soumettre immédiatement à l'explosion de » la poudre les masses ou les ouvrages qui font obsta- » cles dans les siéges , *& que l'on ne détruisoit , avant* » *leur invention que par la percussion successive & re-* » *doublée des corps lancés par les bouches à feu de* » *l'Artillerie* ».

Il suffit de citer ces dernières lignes pour faire sentir la fausseté qu'elles renferment ; mais cette surabondance qui vicie la définition étoit nécessaire aux vues de l'Auteur , & lui a fait supposer ce dont on ne trouve aucune trace dans toute l'Histoire, des sottises, des maladresses & des bévues de l'esprit humain ; car jamais, que je sache , on n'a lu qu'un Militaire quelconque ait été assez mal avisé pour entreprendre , dans un siége , de détruire des galeries , des rameaux & des fourneaux à coups de canons. Cependant cette destruction est un des objets essentiels des mines , & aujourd'hui c'est presque le seul Ce sont des armes qu'on n'a pu combattre qu'avec des armes semblables ; & comme je l'ai dit, & comme je persiste à le soutenir, la véritable destination des Mines, dans leur état actuel, est bien moins d'ouvrir des brêches, que de maîtriser le dessous du terrein sur lequel cheminent les attaques.

Qui peut donc avoir engagé l'Auteur des Observations à donner une définition si incorrecte ? La nécessité de défendre son systême, qui, trop frêle pour se soutenir dans l'examen approfondi de *l'essence des choses*, ne peut espérer ni cohérence, ni résistance, qu'autant qu'on l'appuiera sur des suppositions gratuites & erronées, à l'aide desquelles l'Auteur pourra parvenir aux conséquences qui lui conviennent.

C'est dans cette vue que l'Auteur des Observations emploie, presqu'en entier, les pages 4, 5 & 6 de son Mémoire, à prouver que les fourneaux de Mines, ayant été imaginés & employés avec succès par un *Chef d'Artillerie*, il a fallu nécessairement que les coopérateurs de ce premier travail aient été des Soldats d'Artillerie; & il en conclut que, puisque l'on a ainsi commencé, on doit continuer & finir de même.

J'ai quelques réflexions à opposer à mon tour à ce raisonnement. C'est d'abord que si l'on attribue la direction des mines aux Officiers d'Artillerie, à titre d'inventeurs, il faut commencer par prouver qu'en effet l'invention leur en est due. Or, si l'on consulte les Auteurs sur cet objet, on verra que le premier essai de ce genre fut fait en 1487 au siége de Serazanella, par un *Ingénieur* Génois; » mais que n'ayant pas fort bien » réussi, on n'en avoit plus usé depuis; que Pierre » Navare servoit alors dans *l'Infanterie Génoise*; qu'il » avoit beaucoup réfléchi sur cette invention; qu'après » l'avoir perfectionnée, il l'avoit heureusement em- » ployée contre les Châteaux de Naples (en 1503), » & mis, par ce moyen, les Espagnols en possession

» de cette importante conquête ». (Daniel, Hist. de France, t. VII, p. 81.

Ce passage de Daniel, conforme à ce qui se trouve dans Guichardin & dans Mezeroy, semble prouver que l'invention des fourneaux est due à un Ingénieur; du moins il n'en résulte pas qu'elle le soit à un Officier d'Artillerie. D'ailleurs, si l'on songe combien à cette époque l'art de l'Artillerie lui-même étoit dans l'enfance, qu'aucun peuple de l'Europe n'avoit d'institution *ad hoc*, qu'un Officier d'Artillerie commençoit presque toujours par un autre service, que son goût particulier & son intelligence le fixoient ensuite plus spécialement à l'exécution des bouches à feu, on sentira combien est vain & fragile le raisonnement hypothétique, à l'aide duquel on veut conserver aujourd'hui un vice qui fait la perte de deux Corps auxquels il ne manque que d'être réunis pour atteindre à toute l'utilité dont ils sont susceptibles.

Et puis, qu'importe que l'invention des fourneaux vienne du Pôle ou de l'Equateur, que le premier qui les imagina ait été un Artilleur ou un Ingénieur, ou un Peintre, ou un Moine? Le point de la discussion est de savoir s'il y a plus de convenance & d'utilité publique à les affecter au Corps du Génie qu'à celui de l'Artillerie. Mais l'origine des fourneaux ne peut former un titre pour en ôter abusivement la direction à ceux qui ont le plus d'intérêt à leur emploi, & dont toutes les opérations sont liées au succès de leurs explosions, ou dépendantes absolument de ce succès.

C'est aussi un motif bien peu déterminant, que d'offrir, à l'appui d'une opinion, l'exemple des autres Puissances de l'Europe, sur-tout quand la citation n'est pas exacte; car, sans pouvoir répondre de toutes, je ſuis en état d'affirmer qu'en Eſpagne, en Pruſſe & en Autriche, les Mineurs ſont un Corps à part de l'Artillerie.

Je ne penſe pas non plus que l'on ſoit invinciblement entraîné par la comparaiſon des mines aux *volcans*; car je ne vois pas pourquoi, même en admettant cette définition, les Ingénieurs ne ſeroient pas chargés de la diſpoſition & du jeu de ces volcans artificiels, dès que cette branche d'induſtrie a une connexion inévitable avec toutes les autres qui leur ſont confiées.

Quant à l'expreſſion *d'Artillerie ſouterraine*, malgré la différence aſſez marquée qui exiſte entre un trou quarré pratiqué dans un maſſif de terre ou de maçonnerie, & une piéce de vingt quatre, malgré la différence d'inſtructions, d'inſtrumens & d'allure qui ſe remarque dans la théorie & dans la pratique de ces deux armes; comme je n'argumente pas ſur les mots, je conſentirai volontiers à ce que les mines ſoient appelées une artillerie ſouterraine; mais je demanderai enſuite par quelle raiſon il faut que les Artilleries extérieure & ſouterraine ſoient réunies dans la même main? Pourquoi l'on ne confieroit pas la dernière à ceux qui, par état & par devoir ſont néceſſairement obligés d'en connoître l'emploi & les reſſources? Je demanderai ſi un Mineur peut ſe paſſer de la théorie & des connoiſſances d'un ingénieur? S'il peut ignorer, ſans inconvénient pour ſa profeſſion, tous les détails de la conſtruction d'une Place? ſi, lorſqu'il ne connoîtra pas les réſiſtances, il pourra calculer des efforts? s'il pourra les diriger ſans ſavoir quels ſont tous les obſtacles qu'il doit détruire, ſans être en état d'apprécier l'importance graduelle de ces obſtacles: les chicanes, les moyens de défenſe qu'on lui peut oppoſer? Enfin, je demanderai que l'on prouve qu'un bon Mineur peut ſe diſpenſer d'être en même-temps un Ingénieur, & réciproquement. Sans ce préalable, les assertions & les principes avancés dans mon Mémoire subsistent en entier; & la seule manière de prouver que j'ai mal conclu, c'est de commencer par détruire l'hypothèse fondamentale sur laquelle porte tout mon raisonnement.

Je crois aussi qu'on peut se rassurer sur les dangers de *la rivalité* entre l'Artillerie extérieure & l'Artillerie souterraine; car il résulte, au contraire, de mon projet que les trois quarts au moins des conflits de jurisdiction & de compétence, qui ne se sont que trop souvent manifestés dans la guerre des siéges, seroient éteints par le fait même de la réunion des Mineurs au Corps du Génie.

§. II.

Réponse aux Considérations sur la nature des accessoires des Fourneaux de Mines.

Dès le début de ce Paragraphe, je suis obligé d'arrêter l'Auteur & de lui rappeler ce que j'ai déjà dit, que les mines qui sont les seules armes avec lesquelles on puisse détruire les galeries & les rameaux souterreins n'ont jamais pu, dans aucun cas, être supplées à cet égard par les bouches à feu, & cette remarque pourroit retarder un peu *la décision de la question.*

Quant au principe, que *tout Militaire, sans prévention, conviendra aisément que c'est à l'Officier d'Artillerie, chargé dans l'attaque de faire une brèche ou d'opérer dans la défense la destruction des batteries, sapes ou cavaliers de tranchée &c., d'être le juge de la manière la plus propre à y réussir.* Je sens aussi bien qu'un autre où tend cet axiôme en apparence si simple & si naturel ; mais comme ce n'est pas ici le lieu de discuter les conséquences qu'on se prépare à en tirer au besoin, je n'examinerai dans ce moment que celles que l'on en déduit pour prouver que les Mineurs doivent rester unis à l'Artillerie ; & j'observe d'abord que mon Adversaire regarde comme un point démontré, que les destructions qui s'opérent par le moyen des mines sont une attribution essentielle de l'Artillerie, & que parconséquent il pose en fait précisément le point qui se trouve en litige. Ce premier principe une fois établi, un peu lestement comme on l'a vu, il se presse de conclure que, si les Officiers d'Artillerie doivent diriger les mines, leurs Soldats doivent les exécuter. Les trois quarts de la page 9 & suivantes consistent en assertions dans ce sens, qui toutes, sont plus ou moins contestables ; mais je ne m'attacherai à combattre que les principales, les autres disparoissant de force après la réfutation des premières.

En conséquence, je demande pourquoi, feignant d'avoir démontré l'identité des Mineurs avec l'Artillerie, l'on s'étudie toujours à confondre ces deux Corps, tandis qu'ils sont si réellement distincts, tandis que la séparation de leurs fonctions est si évidemment prononcée, tandis que leur instruction & leurs théories respectives sont si étrangères les unes aux autres ? Seroit-ce parce que l'on pourroit peut-être me soupçonner un intérêt à le dire, ainsi qu'on refuseroit de m'en croire ? Mais au moins on ajoutera quelque foi aux Officiers mêmes du Corps des Mineurs. Voyez un petit Ecrit adressé au Comité Militaire, par les Capitaines en second, les Lieutenans en premier & les Lieutenans en second de ce Corps ; lisez page 8 de l'extrait du Mémoire détaillé sur l'instruction du Corps des Mineurs. Après avoir demandé que la théorie de l'Ecole de Mezières soit professée à l'Ecole de Verdun, ils proposent encore l'adjonction des Sapeurs aux Mineurs, » pour en » former un Corps distinct de l'Artillerie, pour son » instruction seulement ; lequel Corps, en s'exerçant » particuliérement aux mines ; n'en cultiveroit pas moins » toutes les autres parties que l'on suit dans les différentes Ecoles d'Artillerie ; alors les Officiers de Mineurs & Sapeurs passant dans les Régimens, lorsque » l'ordre de leur avancement l'exigeroit, *se trouveroient » au courant des manœuvres* (1), & *pourroient, dans » l'occasion, faire la guerre sans avoir à rougir. Alors » l'Officier d'Artillerie, qui auroit suivi pendant trois » ans au moins l'Ecole des Mineurs, pourroit revenir, » s'il le falloit, à la pratique* (2) *de cet art si peu » connu, & suppléer l'Officier de Mineurs qui viendroit à » périr dans un siége.* Alors les Sapeurs & les Mineurs » étant toujours d'accord à la guerre ; leurs travaux » marcheroient de front (3) dans l'attaque d'une Ville » assiégée, & aucun d'eux ne pourroit accuser les autres d'être trop tardifs dans leurs manœuvres ; alors » le Corps des Mineurs, devenu plus nombreux, » pourroit, par détachement, être employé successivement aux contre-mines de nos frontières, & faire » des expériences sur les glacis des Villes contreminées, &c. »

---

(1) Ils n'y sont donc pas ?

(2) Il ne l'a donc pas cette pratique ; il n'est donc pas en état de suppléer l'office de Mineurs.

(3) J'ai donc été fondé à développer dans mon Mémoire le rapport intime des fonctions de ces deux Corps.

(Lisez, page 20, art. 22 du Cahier de leurs demandes.)

» Que dans la même Ville de Verdun, il soit établi » une Ecole pour les élèves destinés à occuper les em- » plois d'Officiers dans les Compagnies du Corps-Royal, » qu'ils soient tenus d'y passer trois ans; pendant les- » quels ils seroient instruits *du dessein*, *de la fortifica-* » *tion*, *de l'attaque & de la défense des Places*, *dont* » *le parc des Mines leur offriroit la facilité & le com-* » *plément*, *du nivellement*, *du défilement*, *de la physi-* » *que*, *de la chymie* (1), & de toutes les sciences » préparatoires & nécessaires aux Officiers d'Artille- » rie, &c.

(Voyez p. 41, art. 32.)

» Que dans le même but & de la même manière, » elles (les Compagnies des Mineurs) soient employées » à contreminer les places d'une importance plus re- » connue, & particuliérement les fronts qui ne seroient » pas en équilibre avec les autres.

» Si depuis près de vingt cinq ans que les Mineurs sont à » Verdun, on eût employé à cet ouvrage seulement la moitié » des fonds qui se consomment à l'Ecole, on auroit déjà » fait beaucoup de choses; nos frontières seroient plus assu- » rées, & nous probablement plus instruits «.

Ai-je eu tort, d'après ces différens passages, d'affirmer que le service & l'instruction des Mineurs étoient entiérement differens de ceux de l'Artillerie ? Ai-je eu tort de dire qu'il ne pouvoient pas se passer de la théorie des Ingénieurs ? Ai-je eu tort de dire que leur isolation paralisoit leurs facultés ? Ai-je eu tort enfin de

(1) C'est-à-dire de toute la théorie des Ingénieurs.

conclure à les réunir au Corps du Génie, & à les vivifier ainsi l'un par l'autre ? Peut-on de bonne-foi, & sans abuser des mots, comparer la théorie & le service habituel d'un Canonier dans les Poligones, ou à l'armée, avec l'instruction & les détails des procédés d'un Mineur ? Je l'ai dit dans mon mémoire; le seul rapport qui existe entre leurs professions, se trouve dans l'usage que l'un & l'autre font de la poudre, & je crois avoir apprécié la valeur de l'argument fondé sur cette analogie.

Le raisonnement par lequel on voudroit justifier l'adjonction de mineurs à l'artillerie, en disant : *qu'ils sont les plus vigoureux ouvriers de ce Corps, & que s'etant aguerris* avec ces derniers, ils sont plus en état de faire usage avec succès de l'artillerie souterreine n'a besoin pour être réfuté que de deux mots; c'est que le Corps du Génie ne demande sa réunion aux mineurs que pour les employer comme d'excellens & *vigoureux ouvriers* & qu'à toute force on peut *s'aguerrir* dans mille autres occasions que celles que procure le service de l'artillerie.

Je ne parlerai point de la petite affectation d'appeler les Mineurs, des *Canoniers Mineurs*, & les mines des *batteries de fourneaux*; je me contenterai de remarquer qu'en citant perpétuellement *le fond & l'essence des choses*, il est bien étonnant qu'on ne les atteigne jamais, & qu'au lieu de soutenir un systême par des raisonnemens, on ne l'étaye que par des analogies sophistiques, par des définitions incomplettes ou exagérées & par des subtilités Grammaticales.

Tout le reste de ce paragraphe depuis le second alinea de la page 22, est aussi foible en raisonnement que tout ce qui précède. L'Auteur prétend que les

Mineurs ſeront invinciblement rappelés à l'Artillerie par les beſoins de leur ſervice, & que jamais ils ne pourront ſe paſſer de ſon parc où ſe trouve le dépôt des poudres, des outils & des Forges. Et pour achever la conviction, il imagine la comparaiſon des fourneaux à *d'énormes pierriers qui projettent les maſſes en éclats, comme ceux du Bombardier font les Pierres.*

Il eſt pénible & humiliant preſque de refuter de pareilles objections. Quoi! parce que le parc de l'Artillerie renferme les beſoins du ſervice des Mineurs, il faut que ceux-ci ſoient néceſſairement réunis à ce premier Corp; mais le parc d'Artillerie contient auſſi le dépôt des outils & de tous les autres attirails des différens Ouvriers de l'armée. Faut-il donc en conclure qu'ils doivent tous faire partie de l'Artillerie? Et pourquoi ne doit-il avoir qu'un parc d'outils; & pourquoi dans ce ſyſtême que j'ai propoſé, le Corps du Génie n'auroit il pas les ſiens? Quels ſeroient les inconvéniens qui réſulteroient de cette diſpoſition? Aucun, ſans doute. On en verroit au contraire ſortir un avantage très-réel & très-important, c'eſt que le Corps du Génie & ſes travailleurs ſeroient toujours approviſionnés convenablement de tous les inſtrumens néceſſaires à leurs travaux; au lieu que d'après des hommes dont l'expérience eſt conſtatée (car je n'ai ni le droit, ni l'intention de m'appuyer de la mienne); au lieu, dis-je, que les outils fournis par l'Artillerie, ſont communément très-mauvais & très inſuſſiſans, par une raiſon bien ſimple: c'eſt que l'Artillerie n'a aucun intérêt ni à leur choix, ni à leur perfection, ni à leur uſage.

Il eſt très-difficile de répondre ſérieuſement à la comparaiſon des fourneaux à des pierriers, & pour me renfermer dans les égards dont je ne veux jamais m'écarter, j'ai beſoin de me rappeler & l'adverſaire que je combats, & les juges qui m'écoutent. Comment, c'est un maître de l'art, un militaire vénérable, un Officier Général, qui, dans une question importante, sur un point de la formation de l'armée, au lieu d'écraser un foible athlete par la force & la solidité de la discussion, a recours, pour faire prévaloir son avis, à des comparaisons forcées, à des subtilités hyperboliques qu'il produit pour des raisonnemens convainquants ! & si je lui disois, moi, que les canons ne sont que de gros fusils ; & si partant de cette puérile analogie, je réclamois pour l'Infanterie la direction des grandes bouches à feu ; qu'auroit-il à répliquer ?

Mais je vais lui répondre quelque chose de plus positif & qui tend plus directement au dénouement de la question : c'est que la fin principale de l'art des mines, est de s'assurer du dessous du théâtre des attaques ; c'est qu'il faut qu'il se décide enfin à considérer cet art sous ce point de vue qu'il élude sans cesse ; parce qu'en effet, il met à nud son système & le présente dans toute sa foiblesse ; alors je lui demanderai, si quand il auroit à sa disposition des mortiers de six pieds de chambre, il croiroit pouvoir s'en servir utilement pour atteindre à cette destination essentielle de l'art du Mineur.

En terminant cet article, je ne puis me dispenser de faire remarquer une différence assez frappante entre l'Auteur des Observations & moi : c'est que tout l'objet de son mémoire est de soutenir un intérêt particulier, une prérogative personnelle, une prétention de Corps, tandis que je plaide pour un intérêt public & pour l'utilité générale.

§. III.

Réponse à l'examen des principales raisons alléguées en faveur de la réunion des Mineurs au Génie.

J'ai prévenu en peu de mots, dans les considérations l'objection tirée du mauvais succès de la réunion en 1755 ; & si j'ai proposé de nouveau ce système, ce n'a été qu'en l'appuyant sur des raisons qui peuvent n'être pas *convaincantes* ; mais qu'au moins, il eut été convenable & juste de détruire avant d'improuver le projet pour lequel elles sont développées. On a trouvé plus simple d'attaquer dans mon Mémoire des argumens dont je n'ai jamais songé à l'étayer. Par exemple on emploie trois pages à prouver que j'ai eu tort d'avancer *que la fortification souterreine fait partie de la fortification exterieure, & ne doit former qu'un seul & même ensemble avec celle-ci* ; d'où l'on me fait conclure *la nécessité & la convenance de la réunion des Mineurs au Génie.*

Toute l'érudition employée à refuter cette assertion est malheureusement en pure perte ; car je n'ai pas avancé un seul mot qui ressemble à ce raisonnement foible & entortillé. Je n'ai point appelé les rameaux ni les fourneaux des fortifications souterreines ; tout au plus aurois-je pu appliquer cette qualification aux grandes galeries d'enveloppe ; mais si j'avois entrepris ce parallèle, j'aurois appelé les rameaux du Mineur des tranchées, des sapes souterreines ; j'aurois dit que l'objet de ces cheminemens est toujours de conduire l'Ingenieur ou le Mineur (car je ne les distingue pas) à l'exécution de leur arme. A la vérité, j'aurois pû me dispenser de pousser la métaphore jusqu'à nommer *des Mines des batteries de fourneaux*; mais malgré cette circonspection, j'ose croire que j'aurais défendu cette opinion avec succès, & je déclare même que j'adopte volontiers cette définition qui me paroît remplie de justesse & d'exactitude.

Je n'ai donc point mérité le reproche d'avoir *appuyé un sophisme sur une idée fausse*; & dans les considérations, je n'ai point dissimulé *la majeure* pour en tirer *la même conséquence* : j'ai dit que l'exécution de l'arme du Mineur suppose dans celui qui la dirige une connoissance parfaite de l'attaque & de la défense des places. Je n'ai point *sous-entendu* que cette connoissance ne peut être parfaite que chez l'ingénieur; j'ai, au contraire, prononcé cette vérité très-affirmativement, & j'espère qu'on ne la contestera point; car si je l'on me soutient que le Mineur entend aussi parfaitement que l'Ingénieur, l'attaque & la défense des places, il faut nécessairement en conclure qu'il est parfaitement au fait des détails de leur construction, attendu que celui-là seul peut avoir une connoissance complette des derniers procédés d'un art, qui en a bien saisi tous les élémens antérieurs; par conséquent, si sur l'objet dont il s'agit on suppose qu'il doit y avoir parité d'instruction entre le Mineur & l'Officier du Corps du Génie, on arrivera à la conséquence inévitable que le Mineur doit être Ingénieur : & c'est précisément ce que j'ai voulu prouver; c'est ce que j'ai répété dix fois dans les considérations. Il étoit donc bien inutile de me combattre si longuement pour finir par tomber de mon avis.

Je dois rendre hommage à l'adresse avec laquelle évitant dans l'examen de mon Mémoire, les discussions d'un paragraphe très-court (1); mais qui renferme un rapprochement très exact des fonctions du Mineur & de l'Ingénieur, on se contente pour toute critique de l'appeler une *phrase oratoire* : à la vérité on traite avec une ironie passablement dédaigneuse une expression figurée que j'ai employée pour faire sentir la liaison intime du service des Mineurs & de celui des Officiers du Génie; mais, malgré la dislocation épigrammatique qu'on a faite de cette phrase, tout le sel du persifflage de mon adversaire n'a servi qu'à prouver *que la branche étoit effectivement séparée de son tronc*, & non pas qu'elle végétât, avec plus de vigueur & d'énergie, à raison de cette séparation.

En dédommagement de la discussion que cet article de mon Mémoire & ceux qui le suivent paroissoient exiger, l'Auteur des observations quitte encore son sujet & m'attaque une seconde fois sur ce que je n'ai pas dit. Il me prête une conséquence à laquelle je n'ai point prétendu, savoir que le Corps du Génie doit envahir toutes les fonctions de l'Artillerie; & le tout pour confondre sans cesse les idées, pour inculquer dans les esprits le paradoxe sur lequel roule tout son Mémoire, c'est-à-dire, que le service de l'Artillerie & celui des Mineurs sont nécessairement identiques; c'est toujours la même assertion vague & dénuée de preuves qu'il a d'abord avancée, c'est toujours la subtile confusion de

---

(1) Voyez dans les Considérations, page 18, parag. III.

l'Artillerie extérieure & de l'Artillerie souterreine ; en un mot, c'est d'un bout à l'autre la question pour raison ; mais une remarque que je ne me lasse pas de faire, c'est qu'il ne dit pas un seul mot de la guerre souterreine, & des efforts du Mineur assiégeant & du Mineur assiégé, pour détruire réciproquement leur fourneaux. C'est que c'étoit là véritablement le point de la question ; c'est que c'étoit là où les rapports du Mineur avec l'Artillerie extérieure s'évanouissoient sans ressource; c'est qu'il falloit alors attaquer de front mon opinion, disséquer & anéantir les raisonnemens dont je l'appuye; c'est qu'il étoit beaucoup plus commode de me contourner que de jouter corps à corps. Si tels sont dans une polémique les droits d'une longue expérience, je sens combien elle doit en imposer à un adversaire qui n'a pas devers lui qu'environ vingt - quatre ans d'étude, vingt-ans de pratique de son métier, & ce qu'il a pû recueillir de l'expérience d'autrui.

Enfin pour terminer la discussion, l'Auteur des observations dit : *qu'il seroit trop long de relever ce que l'on trouve parsemé çà & là sur les Mineurs dans les pages suivantes.*

Cette manière de critiquer est vraiment très-expéditive ; mais je laisse à décider si elle est concluante, s'il est bien exacte de dire, en parlant d'une discussion qui remplit onze pages consécutives des considérations : *ce que l'on trouve çà & là sur les Mineurs dans les pages suivantes* &, si c'est refuter une opinion que de ne pas répondre dans la crainte d'être trop long ! Si mon adversaire eût mis à l'écart dans son Mémoire tout ce qui est étranger au titre qu'il lui donne ; si, au lieu de divaguer sans cesse, de contredire ce que je n'ai point avancé, de réfuter des objections dont il n'existe pas vestige dans mon Mémoire ; si, dis-je, il eût employé le temps qu'il a perdu en définitions alembiquées à me suivre pas à pas dans mes raisonnemens, dans le parallele du service des Mineurs & de celui du Corps du Génie, à démontrer le vice ou l'insuffisance de mes motif, pour demander la réunion de ces deux Corps ; alors il n'eût pas été trop long, parce qu'il n'eût fait précisément que remplir les engagemens qu'il avoit pris ; alors il eût dénoué la difficulté ; mais l'expérience donne peut-être le droit de la trancher.

Je ne suivrai pas l'Auteur dans ses conclusions qui ne sont qu'un résumé des argumens captieux qui remplissent ses prétendues observations ; & comme mon Mémoire reste intact quant au fond, & que la question n'est pas même abordée, je suppose qu'il la discutera dans les Mémoires subséquents, qu'il annonce par son *Post-scriptum.* Mais je l'avertis, d'avance, qu'il parviendra difficilement à prouver que les Compagnies de Mineurs seront dans l'inaction avec le Corps du Génie, & qu'elles ne pourront s'aguerrir avec lui. Je crois aussi que, s'il veut citer pour exemple les campagnes de 1760 & 1761, il fera bien de ne point oublier que l'adjonction d'alors avoit été si mal conçue, qu'on craignoit réellement d'employer les Mineurs, dont les Officiers anciens se trouvoient subordonnés aux derniers des Ingénieurs ; il se rappellera aussi qu'il est faux que le Génie n'ait pas employé les Mineurs dans ces deux campagnes, & qu'ils le furent, avec de très-grands avantages, à Gottingue, à Cassel, à Munster, & dans toutes les circonstances où les chefs de Génie eurent le bon esprit de ne pas abuser d'une ordonnance ridicule.

Il voudra bien considérer encore que les Mineurs, à cette époque, auroient eu bien plus d'activité &

qu'il auroient été d'une utilité constante, sans la bisarerie de M. de Filley, qui affecta d'éloigner le Corps qu'il commandoit de toutes les fonctions de l'Etat-Major, ce qui, probablement, n'arrivera plus.

A Paris, le 16 Juin 1790.

BUREAUX DE PUSY.

A PARIS, chez BAUDOUIN, Imprimeur de L'ASSEMBLÉE NATIONALE, rue du Foin-St.-Jàcques, N° 31.

www.ingramcontent.com/pod-product-compliance
Lightning Source LLC
LaVergne TN
LVHW052037160826
845678LV00003B/1402

* 9 7 8 2 3 2 9 6 3 5 3 2 3 *